CATALOGUE

DE LA

BELLE COLLECTION

D'ESTAMPES

ANCIENNES

Provenant du Cabinet de M. H. D. *Dreux*

DONT LA VENTE AUX ENCHÈRES PUBLIQUES AURA LIEU

HOTEL DES COMMISSAIRES-PRISEURS

Rue Drouot, n° 5

SALLE N° 4, AU 1er ÉTAGE

LE LUNDI 8 AVRIL 1861 & LES DEUX JOURS SUIVANTS,

à une heure.

><><><><><><><><><><><><><><><><><><><><><><><><><><><><><

Par le ministère de M° **DELBERGUE-CORMONT**, Com.-Priseur,
rue de Provence, 8,

Assisté de **M. CLEMENT**, Marchand d'Estampes de la Bibliothèque
impériale, 3, rue des Saints-Pères,

Chez lesquels se distribue le présent Catalogue.

><><><><><><><><><><><><><><><><><><><><><><><><><><><><

EXPOSITION PARTICULIÈRE

Le Samedi 6 Avril 1861, de une heure à cinq heures.

———

EXPOSITION PUBLIQUE

Le Dimanche 7 Avril 1861, de une heure à cinq heures.

———

PARIS

RENOU & MAULDE

IMPRIMEURS DE LA COMPAGNIE DES COMMISSAIRES-PRISEURS
RUE DE RIVOLI, 144.

———

1861

CONDITIONS DE LA VENTE

Il sera perçu CINQ pour cent en sus des enchères.

———

ORDRE DES VACATIONS

1re VACATION

Nos   1 à 90.
   106 à 136.
   259 à 279.
   349 à 360.

2e VACATION

Nos 137 à 170.
   91 à 105.
   205 à 258.
   361 à 386.
   280 à 305.

3e VACATION

Nos 171 à 204.
   326 à 348.
   387 à 463.
   306 à 325.

———

LE CATALOGUE SE DISTRIBUE

A Paris .... chez MM. DELBERGUE-CORMONT, C^{re}-Priseur, rue de Provence, 8.
— .... — CLÉMENT, rue des Saints-Pères, 3.
A Londres .... — COLNAGHI et Cie, Marchands d'Estampes.
— .... — GRAVES et Cie, Id.
— .... — EVANS et fils, Id.
A Amsterdam ...... — BUFFA et fils, Id.
A Leipzig .... R. WEIGEL, Id.
A Vienne .... — ARTARIA et Cie, Id.
A Liége .... — VAN MARCK, Id.

Nous n'aurions rien écrit en tête de ce Catalogue, s'il ne convenait de porter à la connaissance des Amateurs quelques détails qui doivent, à la fois, les intéresser et les éclairer.

La Collection qui est offerte aux enchères a été commencée en 1835. Depuis cette époque, elle a été lentement accrue, choisie avec soin, sans cesse améliorée. Le temps est le meilleur auxiliaire des Collections; l'argent ne vient qu'après le temps. Pour réunir les principales pièces des maîtres, combien ne faut-il pas de patience, de recherches, de comparaisons, d'occasions attendues, manquées, ressaisies! Aussi, ni démarches, ni sacrifices ne coûtaient-ils, dès que l'heure était venue d'acquérir des épreuves rares, de premier état et parfaites par leur beauté et leur conservation. La plupart de celles qui sont ici décrites sont le résultat de cinq ou six échanges successifs : une belle épreuve était vendue aussitôt qu'on pouvait la remplacer par une épreuve plus belle encore.

On ne s'étonnera donc pas de lire qu'un assez grand nombre de nos pièces ont figuré, jadis, dans des cabinets célèbres, tels que ceux de Mariette, W. Esdaile, Aylesford, Böhm, de Fries, Poggi, Prince de Paar, de Valois, Saint-Yves, Revil, Debois, Robert Dumesnil, Delessert, Jecker, Thorel, Verstolk de Soelen, Van den Zande, His de Lasalle et de Férol.

En outre, l'usage permet de signaler à l'avance à l'attention des Amateurs, les pièces remarquables par leur rareté et leur grande beauté ; nous citerons donc, entre toutes, les suivantes :

De Jules Campagnola, *la Samaritaine* ; de Martin Schongauer, *le Portement de croix* ; de Lucas de Leyde, *l'Ecce Homo*, d'une beauté et d'une conservation exceptionnelles ; d'Albert Durer, la plupart de ses vierges et de ses petites pièces, mais surtout *les Hommes d'armes*, épreuve sans doute unique de cette beauté ; de Marc Antoine, *le Martyre de Saint Laurent, le Parnasse* et *la Sainte Cécile* ; de Marc de Ravenne, *Vénus blessée par une épine*, épreuve magnifique avant le monogramme et non connue de Bartsch ; de Rembrandt, *l'Ecce Homo, la Descente de croix*, la pièce dite de *Cent florins*, celle dite *la Petite Tombe*, les portraits de **Jean Silvius**, de **Lutma**, de *Rembrandt appuyé*, enfin grand nombre de ses ravissants paysages; de Berghem, *l'Homme monté sur l'âne*, et la pièce dite *le Diamant*; d'Adrien Van Ostade, son œuvre en superbes épreuves, dont plusieurs d'eau-forte pure; de Van Dyck, la plupart de ses portraits et le beau morceau du *Christ au roseau*, épreuve d'une rare beauté; de Lucas Worsterman, *le Christ mort étendu sur les genoux de la Vierge*, d'après Van Dyck; de Bolswert, *le Couronnement d'épines*; de Ribera, *le Martyre de Saint-Barthélemy;* d'Edelinck, *le Portrait, avant toutes lettres, du sculpteur Desjardins;* de Claude Lorrain, plusieurs pièces de son œuvre; mais, en première ligne, *le Bouvier,* épreuve splendide, d'un état non décrit par M. Robert Dumesnil, et digne assurément de figurer dans une Collection nationale. Nous nous abstenons de signaler les pièces principales de beaucoup d'autres maîtres, tels que Morin, Drevet, Nanteuil, Wille, Strange, Morghen, etc., qu'on trouvera désignées au Catalogue et qui ne laissent rien à désirer sous le double rapport de l'état et de la conservation.

C'est, du reste, avec confiance, que nous offrons cette suite d'estampes à l'appréciation des amateurs. Ils verront par la beauté vraiment exceptionnelle de la plupart des pièces de notre collection, que nos éloges ne sont point exagérés. Aussi, espérons-nous

que les Amateurs français feront tous leurs efforts
pour retenir des chefs-d'œuvre que nous verrions,
avec regret, passer à l'étranger. Une fois hors de
France, ces richesses sont perdues pour nous, ou ne
reviennent qu'à de rares et longs intervalles.

Avril 1861.

DÉSIGNATION

DES ESTAMPES

ALDEGREVER (Henri).

Bartsch, Peintre-Graveur, t. VIII, p. 462.

1 — Pyrame et Thisbé (B. 182.)

Très-belle épreuve.

BAROCCI (Frédéric), dit le Baroche.

Bartsch, Peintre-Graveur, t. XVII, p. 1.

2 — La Vierge assise. (B. 2.)

Très-belle épreuve. (Collection de Férol.)

BEGA (Corneille).

Bartsch, Peintre-Graveur, t. V, p. 221.

3 — Les deux Amouréux. (B. 25.)

Superbe épreuve.

4 — La Mère et son Mari. (B. 30.)

Première et très-belle épreuve, avec le nom apparent dans la marge.

BEHAM (Barthélemy).

Bartsch. Peintre-Graveur, t. VIII, p. 81.

5 — Le Hallebardier à cheval. (B. 49.)
Très-belle épreuve. (Collection Van den Zande.)

6 — Charles-Quint, 1531. (B. 60.)
Très-belle épreuve.

7 — Charles-Ferdinand, frère de Charles-Quint.
(B. 61.)
Superbe épreuve du 1er état.

BEHAM (Hans-Sebald).

Bartsch, Peintre-Graveur, t. VIII, p. 112.

8 — La Vierge au Perroquet, 1449. (B. 19.)
Magnifique épreuve.

9 — Jésus chez Simon le Pharisien. (B. 25.)
Très-belle épreuve.

10 — Satyre jouant du cor. (B. 111.)
Superbe épreuve.

11 — Léda. (B. 112.)
Superbe épreuve.

12 — La bonne Fortune, 1541. (B. 140.)
Superbe épreuve, avant le ciel terminé par des points, et les
contre-tailles sur la boule.

13 — La Fortune contraire. (B. 141.)
Superbe épreuve.

14 — La Femme couchée, vue par le dos. (B. 215.)
Superbe épreuve.

15 — Vignette à l'aigle. (B. 224.)
Superbe épreuve.

16 — L'Alphabet romain. (B. 229.)
Superbe épreuve.

BERGHEM (Nicolas).

Bartsch, Peintre-Graveur, t. V, p. 245.

17 — Les trois Vaches au repos. (B. 2.)
Superbe épreuve, du second état, avant le nom de Berghem.

18 — Le Joueur de cornemuse. Pièce nommée le Diamant. (B. 4.)
Premier état, avant N. Berghem fec. placé au coin à gauche, sur le ciel, dans le second état.
Rare et superbe épreuve.

19 — L'Homme monté sur l'âne. (B. 5.)
Premier état, non décrit par Bartsch, avant la totalité des travaux sur le ciel.
Magnifique épreuve, de la plus grande rareté.

20 — Le Berger assis sur la fontaine. (B. 8.)
Première et superbe épreuve, tirée avant l'adresse de Frédérick de Witt et le numéro 1 à la suite de l'année.

21 — Les Vaches à la Laitière. (B. 23 à 28.) Suite de 6 estampes.
Superbes épreuves.

22 — Les deux Moutons. (B. 37.)
Superbe épreuve, avant le numéro.

BINCK (JACQUES).

Bartsch, Peintre-Graveur, t. VIII, p. 249.

23 — Les Soldats et leurs Maîtresses. (B. 72.)
Rare et superbe épreuve.

BISCAINO (BARTHÉLEMY).

Bartsch, Peintre-Graveur, t. XXI, p. 179.

24 — L'Adoration des Rois. (B. 9.)
Très-belle épreuve.

25 — La sainte Famille. (B. 21.)
Très-belle épreuve.

BOISSIEU (JEAN-JACQUES DE).

26 — Les Moines au chœur. Catalogue Rigal. (6.)
Superbe épreuve tirée sur papier de Chine.

27 — Les Joueurs de boules. (10.)
Magnifique épreuve.

28 — L'Hermitage adossé à des rochers. (11.)
Superbe et rare épreuve, tirée avant que les travaux dans les ombres sur le devant aient été repris au burin ; elle est aussi avant des petites plantes ajoutées depuis sur le premier plan.

29 — Vieillard faisant l'aumône. (16.)
Superbe épreuve, tirée sur papier de Chine.

30 — La leçon de Botanique. (20.)
Superbe et très-rare épreuve, tirée avant que la planche ait été entièrement terminée.

31 — Les petits Maçons. (38.) Une des plus jolies du maître.
Très-belle épreuve.

32 — Le Champ de blé. (40.)

Superbe épreuve.

33 — Vue des bords de la rivière d'Ain. (42.)

Superbe épreuve.

34 — La grande Forêt. (55.)

Superbe épreuve avant divers travaux.

35 — Vue de l'Oratoire. (60.)

Superbe épreuve tirée sur papier de Chine.

36 — Paysage où est une baraque en planches et en paille ; sur le devant, une jeune fille un fagot sous le bras, suit un villageois et un enfant précédés d'une vache. (75.)

Superbe et très-rare épreuve, tirée avant le trait rentré, autour de la composition.

37 — Pays coupé par une rivière, qu'un pâtre, deux vaches et un chien passent à gué. (76.)

Superbe épreuve sur papier de Chine.

38 — Vieillard à bonnet. (104.)

Première épreuve, avant le second point après le monogramme du graveur. Très-rare et superbe.

39 — Feuille d'études de têtes, en travers. (108.)

Superbe épreuve, tirée sur papier de Chine.

40 — Autre feuille de huit études de têtes ; au milieu un homme vu de face, à barbe courte et chapeau rond relevé. (111.)

Très-belle épreuve, où on aperçoit, très-légèrement tracé à la pointe, l'an III, à la suite des initiales du maître.

41 — Portrait d'homme, d'après Téniers. (127.)

Superbe épreuve, tirée sur papier de Chine.

BOLSWERT (Schelte a.).

42 — Le Christ au roseau ou le couronnement d'épines, d'après Ant. Van Dyck.

Premier état, avant les contre-tailles au vêtement et à la jambe gauche du second soldat qui est debout à la droite de l'estampe. Superbe épreuve. (Collection Jecker.)

43 — Marche de Silène, d'après Van Dyck.

Superbe épreuve du 1ᵉʳ état, avant que l'adresse de Nic. Lauwers ait été remplacée par celle de Galle.

BONASONE (Jules).

Bartsch, Peintre-Graveur, t. XV, p. 143.

44 — Le dieu Pan, l'Amour et une Nymphe. (B. 170.)

Superbe épreuve. (Collections Sir Master Sikes et de Férol.)

BOSSE (Abraham).

45 — Cérémonie observée au palais de Fontaine-bleau, au contrat de mariage de Vladis-las IIII, roi de Pologne, et de Louise-Marie de Gonzague, princesse de Mantoue et de Nevers. (G. D. 1223.)

Magnifique épreuve, extrêmement rare de cette qualité.

46 — Le Fifre. (1333.)
Le Porte-Drapeau. (1335.)
Le Capitaine. (1338.)

Ces trois pièces font partie de la suite : Les Gardes françaises. Superbes épreuves.

47 — Le Bal. (1400.)

Magnifique épreuve du 1er état avant les vers. Très-rare.

BOTH (Jean).

Bartsch, Peintre-Graveur, t. V, p. 199.

48 — Paysages ornés de sujets, suite de 4 estamp. (B. 1 à 4.)

Superbes épreuves tirées avant les numéros et avant que l'adresse de Matham ait été effacée et remplacée par celle de Mariette, qui a été supprimée dans les épreuves du dernier état.

BOUT (Pierre).

Bartsch, Peintre-Graveur, t. IV, p. 401.

49 — Le Traîneau. (B. 3.)

Très-belle épreuve.

50 — Les Chasseurs. (B. 4.)

Très-belle épreuve.

CALLOT (Jacques).

51 — Le Martyre de saint Sébastien. Catalogue de M. Meaume. (137.)

Superbe épreuve du 1er état, avant l'adresse d'Israël Silvestre, sur le terrain à droite, près le nom du graveur.

52 — Les grandes misères de la Guerre, en dix-huit morceaux, y compris le titre. (564 à 581.)

Superbes épreuves du second état, avec l'adresse de J. Silvestre, qui a été remplacée par celui de Callot.

53 — Les Supplices. Morceau ainsi nommé à cause des différents genres de supplices qui y sont représentés. (665.)

Superbe et rare épreuve. On y distingue parfaitement, à l'angle d'une rue, dans le fond, un peu à droite, la statue de la Sainte Vierge, dans une niche; et derrière les maisons, aussi dans le fond et vers la gauche, une tour carrée. Elle a de grandes marges. Très-rare de cette beauté.

54 — La petite Vue de Paris ou le Marché d'esclaves. (712.)

Superbe épreuve avant la lettre, du 1er état et ayant la vue du Pont-Neuf, qui est dans le fond.

55 — Vue du Pont-Neuf, de la tour et de l'ancienne porte de Nesle. (714.)

Superbe épreuve.

CAMPAGNOLA (JULES).

Bartsch; Peintre-Graveur, t. XIII, p. 368.

56 — Jésus et la Samaritaine. (B. 2.)

Magnifique épreuve. Pièce de la plus grande rareté.

CANTARINI (SIMON), dit LE PÉSARÈSE.

Bartsch, Peintre-Graveur, t. XIX, p. 119.

57 — Repos en Egypte. (B. 5.)

Très-belle épreuve.

58 — La Vierge avec l'Enfant Jésus. (B. 17.)

Superbe épreuve du 1er état, avant le nom.

59 — Saint Jean-Baptiste dans le Désert. (B. 22.)

Très-belle épreuve.

60 — L'Ange gardien. (B. 28.)

Très-belle épreuve.

61 — Mercure et Argus. (B. 31.)

Très-belle épreuve d'une des pièces les plus importantes de l'œuvre du maître.

CARAGLIO (JEAN-JACQUES).

Bartsch, Peintre-Graveur, t. XV, p. 59.

62 — Ixion, d'après Jules Romain.

Cette estampe provient de la collection de M. His de La Salle, qui la décrit ainsi dans son catalogue :

« Cette belle pièce, que nous croyons plutôt gravée d'après un
» dessin de Michel-Ange que d'après Perino del Vaga, à qui Bartsch
» l'attribue, est décrite, par ce dernier, dans l'appendice de l'œuvre
» de Caraglio. — Admirable épreuve d'un morceau de la plus grande
» rareté. »

CARPIONI (JULES).

Bartsch, Peintre-Graveur, t. XX, p. 177.

63 — La Vierge lisant. (E. 5.)

Très-belle épreuve ; elle est un peu rognée dans le bas de l'estampe.

CARRACHE (AUGUSTIN).

Bartsch, Peintre-Graveur, t. XVIII, p. 29.

64 — Le Vieillard et la Courtisane. (B. 114.)

Très-belle épreuve. Cette pièce est toujours faible de ton. Rare.

65 — Pan dompté par l'Amour. (B. 116.)

Superbe épreuve d'une des plus jolies pièces de l'œuvre.

66 — Mercure et les Grâces, d'après le Tintoret. (B. 117.)

Superbe épreuve. (Collection de Férol.)

67 — Mars renvoyé par Minerve, d'après le même peintre. (B. 113.)

Très-belle épreuve. (Collection de Férol.)

68 — Suzanne surprise dans le bain par deux vieillards. (B. 124.)

Superbe épreuve d'une très-belle pièce.

CARRACHE (ANNIBAL).

Bartsch, Peintre-Graveur, t. XVIII, p. 175.

69 — L'Adoration des Bergers. (B. 2.)

Très-belle épreuve du second état, tirée avant l'adresse de N. Van Aelst. (Collection Storck de Milan)

70 — La Vierge à l'Hirondelle. (B. 8.)

Très-belle épreuve du premier état, avant l'adresse de Rossi.

71 — La Vierge à l'Écuelle. (B. 9.)

Très-belle épreuve, avant l'adresse de N. Van Aelst, portant la signature de Mariette, 1670.

COYPEL (D'après CH.).

72 — Portrait de Molière, gravé par Lépicié.

Belle épreuve.

DAULLÉ.

73 — Portrait de Rigaud, d'après lui-même.

Superbe épreuve avec de belles marges.

DIAMANTINI (JOSEPH).

Bartsch, Peintre-Graveur, t. XXI, p. 207.

74 — Flore et une Déesse qui tient le caducée. (B. 22.)

Très-belle épreuve.

DREVET (Pierre), fils.

112 75 — Portrait de Bossuet en pied, d'après H. Rigaud.

Magnifique épreuve avant les points placés après le nom de H. Rigaud..

DURER (Albert).

Bartsch, Peintre-Graveur, t. VII, p. 1.

120. 76 — La Nativité. (B. 2.)

Très-belle épreuve d'une pièce rare et des plus recherchées du maître.

41 77 — La Sainte-Face de Jésus-Christ, 1514. (B. 25.)

Superbe épreuve. (Collections Debois et Delessert.)

52 78 — Sainte Anne et la jeune Vierge. (B. 29.)

Magnifique épreuve d'une charmante pièce.

70 79 — La Vierge à la couronne d'étoiles et au sceptre, 1516. (B. 32.)

Belle épreuve.

63 80 — La Vierge aux cheveux courts liés avec une bandelette. (B. 33.)

Très-belle épreuve. (Collection du prince de Paar.)

57 81 — La Vierge assise embrassant l'Enfant Jésus, 1513. (B. 35.)

Magnifique épreuve.

46 82 — La Vierge avec l'Enfant Jésus emmailloté. (B. 38.)

Superbe épreuve, au verso la signature de P. Mariette 1670.

83 — La Vierge couronnée par deux Anges. (B. 39.)

Superbe épreuve. (Cabinets J. Barnard, Donadieu et Van den Zande.)

84 — La Vierge assise au pied d'une muraille. (B. 40.)

Superbe épreuve, elle porte au verso la signature de P. Mariette et la date de 1677.

85 — La Vierge à la poire. (B. 41.)

Superbe épreuve. (Cabinets Wolterbeck et Van den Zande.)

86 — La Vierge au singe. (B. 42.)

Superbe épreuve.

87 — Saint Georges à cheval, 1508. (B. 54.)

Superbe épreuve. (Collection Poggi.)

88 — Les trois Génies. (B. 66.)

Magnifique épreuve.

89 — La Sorcière allant au Sabbat. (B. 67.)

Très-belle épreuve.

90 — Apollon et Diane. (B. 68.)

Magnifique épreuve, mais remargée.

91 — La Famille du Satyre. (B. 69.)

Épreuve de la plus grande beauté.

92 — L'Enlèvement d'Amymone. (B. 71.)

Superbe épreuve. (Collection Delessert.)

93 — L'Effet de la Jalousie. (B. 73.)

Superbe épreuve. (Collection F. Debois.)

94 — L'Oisiveté. (B. 76.)
Très-belle épreuve.

95 — La petite Fortune. (B. 78.)
Très-belle épreuve. (Collection du prince de Paar.)

96 — Le petit Courrier. (B. 80.)
Magnifique épreuve, portant la signature de P. Mariette, 1660.

97 — La Dame à cheval. (B. 81.)
Superbe épreuve. (Collection du prince de Paar.)

98 — L'Hôtesse et le Cuisinier. (B. 84.)
Magnifique épreuve. (Collection du prince de Paar.)

99 — Trois Paysans s'entretenant ensemble. (B. 86.)
Superbe épreuve, elle est doublée.

100 — L'Enseigne. (B. 87.)
Superbe épreuve. (Collection du prince de Paar.)

101 — L'Assemblée des Gens de guerre. (B. 88.)
Admirable épreuve, de la plus parfaite conservation et d'une fraîcheur remarquable. C'est, peut-être, la plus belle connue. (Collection Ackerman.)

102 — Le petit Cheval, 1505. (B. 96.).
Magnifique épreuve.

103 — Les Armoiries au Coq. (B. 100.)
Très-belle épreuve. (Collection Poggi.)

104 — Les Armoiries à la Tête de mort. (B. 101.)
Belle épreuve.

105 — Frédéric, électeur de Saxe. (B. 104.)
Très-belle épreuve.

PORTRAITS DE VAN DYCK

PORTRAITS GRAVÉS A L'EAU-FORTE PAR A. VAN DYCK

Pour le classement, nous avons suivi l'ordre numérique des états adoptés par Hermann Weber dans le catalogue qu'il a publié sur l'œuvre de ce maître.

DYCK. (A. Van).

106 — Jésus insulté par un de ses bourreaux qui lui présente un roseau. (Pièce dite le Christ au roseau.)

Premier état, avant les mots : *et fecit aqua forti*, placés après Ant. Van Dyck , et avant le mot : *regis*, après : *cum privilegio*. Magnifique épreuve.

107 — Breughel (Jean). (1.)

Superbe épreuve du troisième état, avec les lettres G.-H. Elle a de la marge.

108 — Breughel (Pierre). (2.)

Très-belle épreuve du quatrième état, avec les lettres G. H.

109 — Connelissen (Antoine). (3.)

Très-belle épreuve du troisième état, avec l'adresse de Martin Van den Eden.

110 — Van Dyck (Antoine). (4.)

Très-belle épreuve du troisième état, avec l'adresse de Gillis Hendrix.

111 — Erasme (Didier). (5.)

Très-belle épreuve tirée sur papier à la folie.

112 — Franck (François). (6.)

Superbe épreuve du second état avant la lettre, mais avec le fond au burin. Très-rare.

(Le premier état d'eau-forte pure est presque unique.)

113 — La même estampe.

Superbe épreuve du quatrième état, avec les lettres G. H. Elle a de la marge.

114 — Momper (Josse de). (8.)

Très-belle épreuve, probablement tirée avant les lettres G. H. Elle est imprimée sur papier aux armes de Hollande.

115 — Le même personnage gravé une seconde fois. (9.)

Superbe épreuve du premier état de la planche, terminée par L. Worsterman, avant le nom du graveur et avec l'adresse de Martin Van den Eden.

116 — Oort (Adam Van). (10.)

Superbe épreuve du second état, avant le trait carré et l'inscription, mais avec le fond gravé au burin. Extrêmement rare. Le premier état est presque unique.

117 — La même estampe.

Très-belle épreuve.

118 — Pontius ou Du Pont (Paul). (11.)

Superbe épreuve du troisième état, avec le titre PAULUS DU PONT, CHALCOGRAPHUS et le nom de Ant. Van Dyck fecit aqua forti, mais avant le mot ANTVERPIAE, et la planche de la même dimension que dans l'état précédent. Extrêmement rare.

119 — La même estampe.

Très-belle épreuve.

120 — Snellinx (Jean). (12.)

Superbe épreuve du premier état, avant la lettre et avec une belle marge. Très-rare.

121 — La même estampe.

Très-belle épreuve, avec la lettre.

122 — Le même personnage gravé une seconde fois. (13.)

Superbe épreuve du premier état de la planche, terminée par P. de Jode, avec le nom du graveur et avec l'adresse de M. Van den Eden.

123 — Snyders (François). (14.)

Très-belle épreuve du premier état de la planche, terminée par Jacques Neefs. Elle porte l'adresse de Gillis Hendrix.

124 — Suttermans (Juste). (16.)

Superbe épreuve du troisième état, avec le nom du personnage écrit : Citermans pour Suttermans. Elle porte les lettres G. H. et a de la marge.

125 — La même estampe.

Très-belle épreuve du quatrième état, avec le nom du personnage corrigé.

126 — Triest (D. Antoine). (17.)

Superbe épreuve du premier état de la planche, terminée par P. de Jode, avec la faute au mot Topahira corrigé dans l'état suivant.

127 — Worsterman (Lucas). (18.)

Très-belle épreuve du quatrième état, avec les lettres G. H. Elle a toute sa marge. Très-rare.

128 — La même estampe.

Très-belle épreuve.

129 — La même estampe.

Belle épreuve.

130 — Vos (Guillaume de). (19.)

Très-belle épreuve du premier état de la planche, terminée par S. à Bolswert, avec les lettres G. H. Elle a de la marge.

131 — Vos (Paul de). (20.)

Très-belle épreuve du premier état, de la plus grande rareté. Manque de conservation dans la partie blanche du papier.

132 — La même estampe.

Superbe épreuve du douzième état, avant les contre-tailles sur le manteau qui couvre l'épaule droite du personnage. Elle a toute sa marge. Extrêmement rare.

133 — La même estampe.

Très-belle épreuve du troisième état, avant la retouche de Bolswert.

134 — Wael (Jean de). (21.)

Superbe épreuve du premier état, avant la marge et la main ajoutées, et avant l'inscription. Extrêmement rare.

135 — La même estampe.

Superbe épreuve du quatrième état, avec les lettres G. H. Elle a une belle marge.

136 — Waverius ou Van Den Wonver (Chevalier Jean). (22.)

Magnifique épreuve du premier état, de la planche terminée, avant le nom du graveur, et avec l'adresse de M. V. den Eden.

PORTRAITS GRAVÉS D'APRÈS VAN DYCK

POUR L'ÉDITEUR MARTIN VAN DEN EDEN.

Pour ne pas répéter les mots : « Tiré avec l'adresse de Martin Van den Eden, » nous prévenons que tous les portraits de cette série sont tirés avec cette adresse, et pour la plupart du premier état, c'est-à-dire avant le nom du graveur.

DYCK (A. VAN).

137 — Barbe (Jean-Baptiste). (3.)
Très-belle épreuve du premier état.

138 — Pepyn (Martin). (6.)
Magnifique épreuve du premier état.

139 — Uranex (Sébastien). (7.)
Superbe épreuve du premier état.

DELFF (GUILLAUME).

140 — Mirevelt (Michel). (9.)
Magnifique épreuve, avant toutes lettres. Rare.

HONDIUS (GUILLAUME).

141 — Franck (François). (11.)
Très-belle épreuve du deuxième état, avec le nom du graveur.

142 — Hondius (Guillaume). (12.)
Superbe épreuve du premier état.

JODE (PIERRE), dit le JEUNE.

28 143. — Coster (Adam). (15.)
Magnifique épreuve du premier état, avant que la main droite ne soit gravée. Très-rare.

16 144 — Halmalius (Paul). (16.)
Très-belle épreuve du premier état.

56 145 — Jordaens (Jacques). (17.)
Magnifique épreuve du premier état.

JODE (PIERRE), dit le JEUNE.

34 146 — Nole (André Colyns de). (18.)
Superbe épreuve du premier état.

10 147 — Poelenburg (Corneille). (19.)
Très-belle épreuve du premier état.

36 148 — Puteanus (Erycius). (20.)
Magnifique épreuve du premier état.

27 149 — Urphé (Geneviève d'). (25.)
Très-belle épreuve du second état, avec le mot Havre au lieu de Havere.

PONTIUS (PAUL).

16 150 — Bazan (don Alvar). (28.)
Très-belle épreuve du second état.

4 151 — Crayer (Gaspar de). (31.)
Très-belle épreuve.

22 152 — Goest (Corneille Van der). (33.)
Superbe épreuve du premier état.

153 — Gustman (don Diego-Philippe de). (35.)
Très-belle épreuve du premier état, avec une grande marge.

154 — Honthorst (Gérard). (37.)
Magnifique épreuve du premier état.

155 — Hugens (Chevalier Constantin). (38.)
Très-belle épreuve du premier état.

156 — Mytens (Daniel). (40.)
Superbe épreuve du premier état.

157 — Pontius (Paul). (40.)
Superbe épreuve du premier état.

158 — Ravestein (Jean Van). (44.)
Très-belle épreuve du premier état.

159 — Palamedes (Palamedesz, Stevens). (42.)
Superbe épreuve du premier état.

160 — Rombouts (Théodore). (45.)
Superbe épreuve du premier état.

161 — Rubens (Pierre-Paul). (46.)
Magnifique épreuve du premier état.

162 — Scaglia (César-Alexandre). (47.)
Très-belle épreuve du second état, avec les vers latins et le mot
regens à la fin du deuxième vers, qui dans l'état suivant a été
corrigé. Le premier état est presque unique.

163 — La même estampe.
Belle épreuve du cinquième état, avec l'adresse G. Hendrix.

164 — Seghers (Gérard). (49.)
Très-belle épreuve du second état, avec le nom du graveur.

165 — Stalbent (Adrien Van). (50.)
Ancienne épreuve.

166 — Steenwyk (Henri) (51.).
Très-belle épreuve du premier état.

167 — Van Loo (Théodore). (51.)
Superbe épreuve du premier état.

168 — Vos (Simon de). (53.)
Superbe épreuve du premier état, avec une grande marge.

169 — Wildens (Jean). (55.)
Superbe épreuve du premier état.

STOCK (ANDRÉ).

170 — Snayers (Pierre). (57.)
Superbe épreuve du premier état.

VAN VŒRST (ROBERT).

171 — Digbi (sir Kenelme). (58.)
Superbe épreuve du premier état, avec une grande marge.

172 — Voerst (Robert Van). (60.)
Magnifique épreuve du premier état.

WORSTERMAN (LUCAS).

173 — Cachiopin (Jean de). (62.)
Superbe épreuve du premier état, avec la faute au nom du personnage. Elle porte la signature de P. Mariétte, 1661.

174 — Callot (Jacques). (63).
Superbe épreuve du premier état.

175 — Coeberger (Wenceslas). (64.)
Magnifique épreuve du premier état.

176 — Delmont (Deodat). (66.)
Très-belle épreuve du second état, avec le nom du graveur.

177 — Eynden (Hubert Van den). (68.)
Très-belle épreuve du second état, avec le nom du graveur.

178 — Galle (Théodore). (69.)
Très-belle épreuve du second état, avec le nom du graveur.

179 — Livens (Jean). (73.)
Très-belle épreuve du premier état.

180 — Gentileschi (Horace Lomi, dit). (71.)
Belle épreuve. Elle est rognée au trait carré.

181 — Mallery (Charles de). (74.)
Magnifique épreuve du premier état.

182 — Peiresse (Nicolas-Fabrice de). (77.)
Superbe épreuve du premier état. (Collection B. Dumesnil.)

183 — Sachtleven (Corneille). (78.)
Superbe épreuve du premier état.

184 — Schut (Corneille). (79.)
Très-belle épreuve du premier état.

185 — Stevens (Pierre). (81.)
Très-belle épreuve du troisième état, avec les lettres G. H.

186 — Vos (Corneille de). (83.)
Très-belle épreuve du premier état.

PORTRAITS DIVERS D'APRÈS A. VAN DYCK

187 — Opstal (Antoine Van). (116.)
Superbe épreuve du premier état avant la retouche (par un graveur anonyme).

188 — Ruthven (Lady Mary), par S. à Bols-wert.
Très-belle épreuve, avec toute sa marge.

189 — Gerbier (Balthazar), par Paul Pontius.
Très-belle épreuve.

190 — Jode (Pierre de), le jeune, par Pierre de Jode.
Très-belle épreuve du premier état.

191 — Worsterman Lucas, par lui-même.
Très-belle épreuve.

192 — Simon (Quintin), par Pierre de Jode.
Belle épreuve.

EDELINCK (Gérard).

Robert-Dumesnil, Peintre-Graveur, tome VII, page 169.

193 — Philippe de Champaigne. (R. D. 164.)
Superbe épreuve du premier état, avant le trait échappé.

194 — Desjardin (Martin Vanden Bogaert, connu sous le nom de). (R. D. 1822.)
Très-rare et magnifique épreuve, avant toutes lettres.

195 — Nathanael Dilgerus, ministre de Dantzick.
(R. D. 185.)

Très-belle épreuve, où le tracé des lignes du titre est apparent.

196 — La Fontaine. (R. D. 230.)

Superbe épreuve, avec belles marges.

197 — Vérien (Nicolas), graveur sur pierre fine.
(335.)

Magnifique épreuve avant toutes lettres. (Collection Robert Dumesnil et Forster.)

198 — Le Brun, d'après Largillière. (R. D. 238.)

Très-belle épreuve.

199 — Nanteuil (Robert). (R. D. 282.)

Très-belle épreuve.

200 — Claude de Sainte-Marthe, prêtre, d'après Jouvenet. (R. D. 308.)

Superbe épreuve.

EDELINCK (NICOLAS).

201 — Marie de Rabutin Chantal, marquise de Sévigné, d'après Nanteuil.

Superbe épreuve, avant *le trait d'union* entre Rabutin et Chantal. Très-rare.

FICQUET (ETIENNE).

202 — Portrait de La Fontaine, pour ses fables.

Très-rare et superbe épreuve avant la lettre.

203 — Portrait de Mme de Maintenon.

Très-belle épreuve sur papier double.

204 — Portrait de Vadé.

Très-belle épreuve.

GELLÉE (Claude), dit Claude le Lorrain.

Robert Dumesnil, Peintre-Graveur, tome I, p. 7.

205 — La Danse au bord de l'eau. (R. D. 6.)

Superbe épreuve, les bords de la planche sont raboteux.

206 — Le Bouvier. (R. D. 8.)

Superbe épreuve d'un état inconnu à M. Robert-Dumesnil et antérieur au premier état décrit. C'est-à-dire avant le nom du maître au bas de la droite, et par conséquent avant le numéro 6, qui est à gauche. Peut-être unique.

207 — La Danse sous les arbres. (R. D. 10.)

Rare et superbe épreuve, avant que les montagnes du fond aient disparu. Elle a de la marge.

208 — Scène de brigands. (R. D. 12.)

Très-belle épreuve.

209 — Le Port de mer à la grosse tour. (R. D. 13.)

Très-belle épreuve du 2e état, avec les angles aigus.

210 — Le Soleil couchant. (R. D. 15.)

Très-rare et superbe épreuve tirée avant le millésime 1634, dans la marge du bas à gauche.

211 — Le Départ pour les champs. (R. D. 16.)

Très-belle épreuve.

212 — Mercure et Argus. (R. D. 17.)
Très-rare et belle épreuve du 1er état, avant la retouche.
L'inscription du bas est rognée.

213 — Le troupeau en marche par un temps orageux. (R. D. 18.)
Très-rare et superbe épreuve du 1er état.

214 — Le Chevrier. (R. D. 19.)
Belle épreuve.

GHISI (GEORGES), dit le MANTOUAN.

Barth, Peintre-Graveur, t. III, p. 1.

215 — Vulcain et Vénus forgeant des flèches. (B. 54.)
Très-belle épreuve.

GOLTZIUS (HENRI).

Bartsch, Peintre-Graveur, t. III, p. 1.

216 — Le fils de Thierry Frisius, peintre hollandais. Il tient un oiseau sur le poing droit et veut monter sur un gros chien épagneul. Pièce connue sous le titre du Chien de Goltzius. (B. 190.)
Superbe épreuve.
La marge du bas a été coupée à la dernière ligne du titre, sans en être cependant séparée.

217 — Robert, comte de Leycester, célèbre favori d'Elisabeth d'Angleterre. Charmant portrait, petit médaillon ovale, gravé sur une planche d'argent. (B. 175.)
Superbe épreuve d'une grande finesse d'exécution (c'est le plus remarquable portrait de ce personnage.)
Extrêmement rare.

218 — Nicquet, 1595. (B. 177.)
  Superbe épreuve.

219 — Hercule tuant Cacus. (B. 231.)
  Pièce en camaïeu gravée sur bois. Très-belle épreuve.

HOLLAR (Wenceslas).

220 — Le Lièvre avec un chien et du gibier.
  Superbe épreuve.

JEGHER (Christophe).

221 — Suzanne et les vieillards, d'après Rubens.
  Pièce gravée sur bois. Magnifique épreuve.

222 — Hercule terrassant Cacus et couronné par un
génie.
  Pièce gravée sur bois. Superbe épreuve.

LEU (Thomas de).

223 — Cl. Hopil, poëte français. Sa tête est ceinte
d'une couronne de laurier; au bas quatre
vers.
  « Contemple un peu ce portrait, etc.... »
  Joli portrait in-8°. Très-belle épreuve. Rare.

LEYDE (Lucas de).

Bartsch, Peintre-Graveur, t. VII, p. 331.

224 — Caïn tuant son frère Abel. (B. 12.)
  Superbe épreuve.

225 — David en prière. (B. 28.)
  Superbe épreuve.

226 — L'Ecce Homo ou Jésus-Christ présenté au
peuple. (B. 71.)

Magnifique épreuve. Extrêmement rare de cette beauté.

227 — Le Christ à genoux portant sa croix ; derrière
lui la Vierge agenouillée, tenant un linge
dés deux mains, 1515. (B. 72.)

228 — Le poëte Virgile suspendu dans un panier.
(B. 136.)

Superbe épreuve.

229 · Deux Enfants ailés, tenant un écusson avec
mascaron et ornements, 1557. (B. 167.)

Très-belle épreuve.

LIONI (Octave).

Bartsch, Peintre-Graveur, tome XVII, p. 246.

230 — Portrait de Louis Léoni, peintre, dit le Pa-
douan. (B. 28.)

Très-belle épreuve.

MAITRE ANONYME ITALIEN

DU XVᵉ SIÈCLE.

Bartsch, Peintre-Graveur, t. XIII, p. 134.

231 — Carte du Tarot. Clio, debout sur un cygne
qui nage dans l'eau. On lit au milieu du
bas : *Clio XVIIII.* (B. 36.)

Très-rare. Cette pièce, ainsi que la suivante, fait partie d'une
suite de cinquante estampes, qui est très-rare à trouver complète.

232 — Carte de Tarot. La Prudence. Une femme, à
tête de Janus, se regarde dans un miroir.
On lit au milieu du bas : *Prudencia XXXV.*
(B. 52.)

Très-rare.

MAITRE ANONYME ITALIEN

233 — Portrait de Michel-Ange, en buste.

Très-rare.

MAITRE ANONYME
DE L'ÉCOLE DE MARC-ANTOINE.

234 — Le prophète Jérémie, d'après la fresque de
Michel-Ange.

Très-belle épreuve du 1er état, avant une seconde adresse.
(Collection H. de Lasalle).

MAITRE AU MONOGRAMME F. P.
Bartsch, Peintre-graveur, t. XVI, p. 19.

235 — La Force (B. 14.)

Très-belle épreuve.

MAITRE AU MONOGRAMME I. B.
Bartsch, Peintre-Graveur, t. VIII, p. 299.

236 — Les Enfants vendangeurs. (B. 19.)

Belle estampe qu'on suppose gravée d'après un dessin de Raphaël
Superbe épreuve. Elle est doublée.

MANTEGNE (André).
Bartsch, Peintre-Graveur, t. XIII, p. 222

237 — Hercule étouffant Antée. (B. M.)

Très-belle épreuve.

MASSON (Antoine).

Robert Duménil, Peintre-Graveur, t. II, p. 98.

238 — Portrait du comte d'Harcourt, représenté en pied, d'après Mignard. (R. D. 34.)

Très-belle épreuve du 1ᵉʳ état, mais elle est coupée au trait carré et collée en plein. Collection Standish. (Vente du roi Louis-Philippe.

MAZZUOLI (François), dit le Parmesan.

239 — La déposition du Christ. (B. 5.)

Premier état avant les taches de vert de gris. Très-belle épreuve, mais manquant de conservation.

240 — Les deux amants. (B. 14.)

Superbe épreuve d'une jolie pièce. Rare.

MORGHEN (Raphael).

241 — François de Moncade, d'après Van Dyck.

Magnifique épreuve avant la lettre, avec les armes et la dédicace au pape seulement tracées. Toutes marges.

MORIN (Jean).

Robert Dumesnil, Peintre-Graveur, t. II, p. 32.

242 — Bentivoglio (Guido), cardinal, d'après Van Dick. (R. D. 43.)

Superbe épreuve d'un portrait très-recherché.

243 — Vitré (Antoine). (R. D. 88.)

Superbe épreuve.

MORO (Jean-Baptiste d'Angeli del).

Bartsch, Peintre-Graveur, t. XVI, p. 173.

244 — L'Apparition des anges à Abraham.

Belle épreuve du 1ᵉʳ état, avant les initiales B. M., des noms de l'artiste. Pièce inédite.

MORO (Marc d'Angeli del).

Bartsch, Peintre-Graveur, t. XVI, p. 201.

245 — Mars et Vénus. (B. 5.)
Belle épreuve. (Collection Gawet.)

NAIWINCX (Henri).

Bartsch, Peintre-Graveur, t. IV, p. 79.

246 — Paysage où l'on voit sur le devant une rivière et de chaque côté un bouquet d'arbres. (B. 3.)
Superbe épreuve.

247 — Paysage où l'on voit un ruisseau sur le devant, et des rochers à droite. (B. 13.)
Superbe épreuve.

248 — Paysage où se voit, sur le devant, une rivière baignant un groupe d'arbres. (B. 15.)
Superbe épreuve.

249 — Paysage où l'on voit, à gauche, un rocher surmonté de grands arbres. (B. 16.)
Belle épreuve.

NANTEUIL (Robert).

Robert Dumesnil, Peintre-Graveur, t. IV, p. 35.

250 — Pompone de Belièvre, premier président au parlement de Paris. (R. D. 37.). Chef-d'œuvre du maître.
Superbe épreuve.

251 — Castelnau (Jacques, marquis de), maréchal de France. (R. D. 58.)

Superbe épreuve avec toute marge.

252 — La Meilleray (Charles de La Porte, duc de), maréchal de France. (R. D. 118.)

Très-rare et magnifique épreuve avant le guillemet qui se trouve à la suite de l'année 1652. Etat non décrit. Belles marges.

253 — Levayer (François de La Motte), conseiller d'Etat. (R. D. 143.)

Superbe épreuve.

254 — Hugues de Lionne, marquis de Bernis, secrétaire d'Etat. (R. D. 146.)

Superbe épreuve du 1er état.

255 — Jean Loret, poëte. (R. D. 150.)

Rare et superbe épreuve avant la virgule après le nom Loret, dans le premier vers.

256 — Maridat de Serrières (Pierre de), conseiller au grand conseil. (R. D. 168.)

Très-belle épreuve.

257 — Turenne (Henri de La Tour d'Auvergne, vicomte de), maréchal de France. (R. D. 232.)

Superbe épreuve du second état.

NICOLETO ou ROSEX, de Modène.

Bartsch, Peintre-Graveur, t. XIII, p. 254.

258 — Les Amours de Jupiter et de Léda. (B. 46.)

D'après l'excellent travail de M. E. Galichon sur le maître Jean-Baptiste del Porto (dit le maître à l'oiseau), il faut restituer cette pièce au maître dont elle portait le monogramme supprimé par des travaux. Superbe épreuve. (Collection F. Debois.)

OSTADE (Adrien Van).

Bartsch, Peintre-Graveur, t. Ier, p. 349.

259 — Le Titre de l'œuvre gravé du maître, en huit
lignes, quatre en hollandais et quatre en
français.

Première épreuve avant les changements dans la rédaction.

260 — Ostade, vu à mi-corps, dirigé vers la droite ;
il est coiffé d'un chapeau à grands bords.
Morceau en manière noire, d'après Ostade,
par J. Gole.

Rare et superbe épreuve, tirée avant que la planche ait été
entièrement terminée.

261 — Ostade vu à mi-corps, dirigé vers la gauche ;
il est représenté assis, vêtu d'un manteau
et coiffé d'un chapeau à grands bords.
Gravé d'après Ostade, par Léonard-Ber-
nard Coclers.

Rare et très-belle épreuve tirée avant toutes lettres.

262 — Paysan avec une petite toque noire. (B. 1.).
Deux épreuves.

La première, avant le trait carré et les initiales du maître. La
seconde, avec le trait carré et les initiales, mais avant les contre-tailles sur le cou du personnage.

263 — Paysanne qui rit. (B. 2.). Deux épreuves.

La première, avant le trait carré et les initiales du maître. La
deuxième, avec le trait carré et les initiales. Très-belles.

264 — Paysan avec un bonnet pointu. (B. 3.).

Première et très-rare épreuve d'eau-forte pure, avant le trait
carré. Elle porte, au verso, les initiales de J. Barnard, célèbre
amateur anglais. Superbe.

265 — Paysan qui rit. (B. 4.).

Très-rare et superbe épreuve, avant que le fond ait été effacé.

266 — Le même sujet.

Après que le fond a été effacé, mais avant le trait carré renforcé et les initiales du maître. Rare et très-belle.

267 — Le Fumeur. Planche ovale. (B. 5.).

Epreuve avant le travail très-serré à la pointe sèche, produisant l'effet de la manière noire. Rare et très-belle. (Cabinet Van den Zande.)

268 — Le Fumeur riant. (B. 6.)

Epreuve tirée avant le trait échappé sur le front du personnage au-dessus du sourcil droit. Rare et fort belle.

269 — Paysan sonnant du cor. (B. 7.)

Epreuve avant le travail très-serré, à la pointe sèche, produisant l'effet de la manière noire dans la partie ombrée. Rare et très-belle.

270 — Le Vielleur. (B. 8.)

Epreuve tirée avant divers travaux dans les ombres et avant que le trait carré ait été renforcé. Très-rare et superbe. (Cabinet Verstolk de Soelen et Van den Zande.)

271 — L'Homme appuyé sur la barre de sa porte, (B. 9.)

Epreuve tirée avant le léger travail à la pointe sèche sur l'épaisseur du châssis de la porte de la cave. Rare et très-belle.

272 — Le Fumeur à la fenêtre. (B. 10.)

Epreuve tirée avant divers travaux faits depuis au burin, principalement sur le front et au bonnet du personnage. Fort belle.

273 — La Tendresse champêtre. (B. 11.)

Epreuve tirée avant divers travaux à la pointe sèche et au burin, exécutés en différentes fois ; le chapeau de l'homme se détache à peine du fond. Rare et très-belle.

274 — L'Homme et la femme causant ensemble. (B. 12.)

Première épreuve tirée avant grand nombre de travaux, notamment les tailles perpendiculaires sur la partie éclairée du corps de l'homme. Très-rare et superbe.

275 — Le même sujet.

Epreuve tirée avant que le trait carré ait été renforcé et avant le travail à la pointe sèche, produisant l'effet de la manière noire. Rare et très-belle.

276 — Les fumeurs. (B. 13.)

Epreuve tirée avant le trait carré. Très-rare et fort belle. (Cabinet Van den Zande.)

277 — La Mère et les deux enfants. (B. 14.)

Épreuve tirée avant le travail à la pointe sèche, produisant l'effet de la manière noire. Rare et belle.

278 — La Cruche vide (B. 15.)

Épreuve tirée avant que le trait carré ait été renforcé. Très-rare et superbe.

279 — La Poupée demandée. (B. 16.)

Epreuve tirée avant quelques légers travaux ajoutés depuis à la pointe sèche, au coin du haut à gauche. Fort belle.

280 — L'Ecole. (B. 17.)

Superbe épreuve du 1er état, avec la bordure tout à fait faible.

281 — Le même sujet.

Très-belle épreuve du même état.

282 — Le coup de couteau. (B. 18.)

Épreuve tirée avant le travail très-serré à la pointe sèche, produisant l'effet de la manière noire ; la jambe de l'homme qui tient à la main son bonnet et le côté droit du tonneau ne se distinguent pas du fond. Très-rare et superbe.

283 — Les Harangueurs. (B. 19.)

Épreuve tirée avant le travail à la pointe sèche, produisant l'effet de la manière noire, notamment sur la cruche. Très-belle.

284 — Gueux au dos courbé. (B. 20.)

Épreuve tirée avec les imperfections du cuivre. Rare et fort belle.

285 — Gueux debout, les mains derrière le dos. (B. 21.)

Épreuve tirée avant les travaux repris au burin dans les ombres, notamment près du pied droit du personnage. Belle.

286 — Gueux enveloppé d'un manteau. (B. 22.)

Épreuve tirée avant des travaux au burin sur le terrain près des pieds du personnage, et avant le travail à la pointe sèche. Belle.

287 — La Grange. (B. 23.)

Épreuve avant le trait carré renforcé au burin et la contre-taille à la partie ombrée de la poutre. Très-rare et superbe.

288 — Homme et femme marchant ensemble. (B. 24.)

Épreuve avant le trait carré. Très-rare et superbe. (Cabinets Verstolk de Soelen et Van den Zande.)

289 — Le Fumeur et le Buveur. (B. 24.)

Épreuve d'eau-forte pure, d'un ton très-clair, le pied droit du fumeur se détache peu du fond. Très-rare et fort belle.

290 — La Dévideuse à la porte de sa maison. (B. 25.)

Épreuve avant le travail très-serré à la pointe sèche, produisant l'effet de la manière noire, notamment à l'intérieur de la maison. Très-rare et fort belle. (Cabinets Six et Van den Zande.)

291 — Les Pêcheurs. (B. 26.)

Épreuve avant le trait carré rentré au burin et avant le travail très-serré à la pointe sèche, produisant l'effet de la manière noire sur le premier plan près de la souche. Très-rare et superbe. (Cabinets Six et Van den Zande.)

292 — Le Savetier. (B. 27.)

Épreuve tirée avant partie des ombres rentrées au burin, et avant la continuation de la treille de la maison sur les arbres. Très-belle.

293 — Les trois figures grotesques. (B. 28.)

Épreuve à l'eau-forte pure, avant le trait carré. Très-rare et superbe.

294 — Le Marchand de lunettes. (B. 29.)

Épreuve à l'eau-forte pure, le trait carré est très-finement indiqué. Très-rare et superbe.

295 — Le même sujet.

Épreuve avec quelques travaux ajoutés pour donner à la planche plus d'effet et avec le trait carré rentré au burin, mais avant le travail à la pointe sèche, produisant l'effet de la manière noire. Rare et très-belle.

296 — La Chanteuse. (B. 30.)

Épreuve tirée avant le travail très-serré à la pointe sèche, produisant l'effet de la manière noire. Très-rare et superbe.

297 — La Fileuse. (B. 31.)

Épreuve tirée avant que le trait carré ait été renforcé, et avant beaucoup de travaux à la pointe sèche et au burin exécutés en différentes fois; il n'y a pas de tailles diagonales sous le ventre du cochon couché. Très-rare et superbe.

298 — Le même sujet.

Épreuve poussée à l'effet par la pointe sèche, produisant l'effet de la manière noire dans les parties ombrées, mais avant les travaux additionnels et avant que le trait carré ait été régularisé. Très-belle.

299 — Le Peintre. (B. 32.)

Épreuve où le peintre est coiffé d'un bonnet de forme élevée et avec le mot Auferet, écrit Auferret. Extrêmement rare et superbe. (Cabinets Verstolk de Soelen et Van den Zande.)

300. — Le Père de famille. (B. 33.)

Épreuve avant que le trait carré ait été renforcé. Très-rare et très-belle.

301. — Le Bénédicité. (B. 34.)

Épreuve avant les changements. Le paysan est tête nue. Très-rare et superbe. (Cabinet Van den Zande.)

302 — Le même sujet.

Épreuve où le paysan est coiffé d'une calotte ; mais avant grand nombre de travaux faits depuis à différentes fois, premièrement les raccords sur le mur du foyer de la cheminée. Rare et fort belle.

303 — L'Epouilleuse. (B. 35.)

Pièce rare. Épreuve très-belle.

304 — L'Emouleur. (B. 36.)

Première épreuve, avec le trait carré légèrement imprimé et avant le travail à la pointe sèche produisant l'effet de la manière noire, notamment sur un des rais de la roue. Les ombres sont transparentes. Très-belle.

305 — L'Homme conversant avec la femme. (B. 37.)

Épreuve à l'eau-forte pure, avant que partie du contour du chapeau, du manteau et de la jambe droite de l'homme ait été indiqué. Très-rare et fort belle.

306 — Les Musiciens ambulants. (B. 38.)

Épreuve tirée avant que le trait carré ait été renforcé au burin. Très-rare et fort belle.

307 — Le Tric-trac. (B. 59.)

Épreuve tirée avant le travail très-serré à la pointe sèche, produisant l'effet de la manière noire, et avant que le fond ait été éclairci derrière le spectateur debout. Le dossier du fauteuil ne se détache pas du mur. Très-rare et fort belle.

308 — Les deux commères. (B. 40.)

Deux épreuves : la première avant le trait échappé sur le bras gauche de la vieille qui est à droite ; la deuxième avec le trait échappé. Très-belles.

309 — Le Charcutier. (B. 41.)

Épreuve à l'eau-forte pure, avec la bordure très-légèrement indiquée et le ciel non raccordé. Très-rare et superbe.

310 — Le même sujet.

Épreuve avec divers travaux ajoutés pour lui donner plus d'effet et avec la bordure renforcée au burin, mais avant que le large reflet de lumière, sur le paysan debout à gauche, ait été diminué. Très-rare et superbe. (Cabinet Verstolk de Soelen et Van den Zande.)

311 — Le Paysan payant son écot. (B. 42.)

Épreuve avant les tailles diagonales ajoutées depuis sur plusieurs parties du fond, notamment entre l'homme assis près du feu et le manteau de la cheminée. Très-rare et superbe.

312 — Le Charlatan. (B. 43.)

Épreuve à l'eau forte, avant la bordure et les changements. On voit dans le fond à gauche un homme et un jeune garçon en marche, et au delà une chaumière. Très-rare et superbe.

313 — Le même sujet.

Épreuve avant nombre de travaux faits depuis en diverses fois, soit à la pointe sèche, soit au burin, et en dernier lieu à l'eau-forte. Rare et très-belle.

314 — Le Joueur de violon bossu. (B. 44.)

Épreuve tirée avant divers travaux faits depuis en différentes fois, notamment le travail très-serré, à la pointe sèche, produisant l'effet de la manière noire. Très-belle.

315 — Le Violon et le petit Vielleur. (B. 45.)

Épreuve avant grand nombre de travaux, principalement les contre-tailles diagonales sur l'homme assis devant la porte de la maison, et sur le terrain entre cet homme et le tonneau. Très-rare et fort belle. Elle porte, au verso, la signature de P. Mariette, 1668.

316 — La Famille. (B. 46.)

Épreuve à l'eau-forte pure, les trois degrés de l'escalier au milieu du fond sont presque entièrement blancs, et le trait carré est très-légèrement indiqué. Très-rare et fort belle. (Cabinets Debois et Van den Zande.)

317 — Le même sujet.

Épreuve poussée à l'effet, avec le trait carré renforcé au burin ; mais avant le travail très-serré, à la pointe sèche, ayant l'aspect de la manière noire dans les parties ombrées. Rare et fort belle.

318 — La Fête sous la treille. (B. 47.)

Épreuve avant grand nombre de travaux, notamment les contre-tailles sur le pignon de la troisième maison, derrière la femme qui danse, avant que le trait carré ait été renforcé au burin. Très-rare et fort belle.

319 — Le même sujet.

Épreuve avant le travail à la pointe sèche, près du coude droit de la petite fille qu'on voit à gauche près d'un homme qui en conduit un autre. Rare et très-belle.

320 — La Fête sous le grand arbre. (B. 48.)

Épreuve avant que les traits diagonaux au-dessus de l'arbre qui est devant le clocher aient été effacés. Extrêmement rare et superbe.

321 — La Danse au cabaret. (B. 49.)

Épreuve avant le travail très-serré à la pointe sèche, produisant l'effet de la manière noire, et avant que les bords de la planche aient été nettoyés. Très-rare et superbe. (Cabinet Verstolk de Soeles et Van den Zande.)

322 — Le Goûté. (B. 50.)

Epreuve avec les travaux horizontaux et diagonaux sur la porte de la cave, et le trait carré rentré au burin; mais avant la contre-taille perpendiculaire sur le coussin du siége à dossier rond, derrière l'homme debout, le verre à la main ; le bonnet de la petite fille est du même ton que son visage. Très-rare et fort-belle. La marge du bas est coupée. (Cabinet Van den Zande.)

323 — Le même sujet.

Epreuve avec la contre-taille perpendiculaire sur le coussin, mais avant le travail très-serré, à la pointe sèche, produisant l'effet de la manière noire. Rare et très-belle. (Cabinets Six et Van den Zande.)

324 — Le Paysan lâchant de l'eau au pied d'un gros arbre. Au bas du terrain, à gauche, A. O. S.

Pièce en hauteur, mentionnée dans le catalogue Rigal. Très-belle.

325 — Intérieur de chambre, où un homme et une femme sont assis près d'un tonneau renversé, etc.

Morceau cité par Bartsch à la suite de l'œuvre d'Ostade. Très-belle épreuve.

PENCZ (Georges).

Bartsch, Peintre-Graveur, tome VIII, page 319.

326 — L'Ange et Tobie. (B. 17.)

Superbe épreuve.

327 — La Mort de Lucrèce. (B. 79.)

Superbe épreuve.

328 — Virginius poignardant sa fille. (B. 84.)

Magnifique épreuve.

329 — Diane au bain. (B. 91.)
Très-belle épreuve.

PESNE (Jean).

Robert-Dumesnil, Peintre-Graveur, t. III, p. 110.

330 — Le Ravissement de saint Paul d'après le Poussin.
Superbe épreuve.

PONTIUS ou DUPONT (Paul).

331 — Suzanne surprise au bain par les vieillards, d'après Rubens.
Très-belle épreuve.

POTTER (Paul).

Bartsch, Peintre-Graveur, t. I, p. 37.

332 — Différents bœufs et vaches. Suite de huit estampes. (B. 1 à 8.)
Très-belles épreuves. Au premier morceau, l'adresse de Clément de Jonghe. (Collection Van den Zande.)

333 — Le Vacher. (B. 14.)
Superbe épreuve, avant l'adresse de De Wit, qui est au haut de la gauche.

PRIMATICE (D'après François).

334 — L'Astronomie.
Superbe épreuve avant le numéro. Très-rare.

PRUD'HON (Pierre-Paul).

335 — La Soif de l'or, gravé par Roger.
Très-rare et superbe épreuve avant toutes lettres.

336 — Aminta, charmante pièce gravée par Roger.

Épreuve avant la lettre. Rare.

337 — Adresse de veuve Merlen, tenant magasin d'orfèvrerie, au palais de l'Egalité.

Gravé par Roger. C'est l'une des plus charmantes pièces d'après le maître, et des plus rares. Superbe épreuve.

RAIMONDI (MARC-ANTOINE).

Bartsch, Peintre-Graveur, t. XIV.

338 — La Cène, d'après un dessin de Raphaël. (B. 26.)

Magnifique épreuve. Elle est doublée.

339 — Le Martyre de saint Laurent, d'après Baccio Bandinelli. (B. 104.)

Magnifique épreuve, d'une conservation parfaite. Extrêmement rare à trouver de cette beauté. (Collections Wilson et W. Esdaile.)

340 — Sainte Cécile, d'après un dessin de Raphaël. (B. 116.)

Superbe épreuve. (Collection Thorel.)

341 — La Danse des Amours, d'après un dessin de Raphaël. (B. 217.)

Très-belle épreuve d'une pièce fort rare et très-recherchée.

342 — Deux Faunes portant un enfant dans un panier. (B. 230.)

Pièce gravée d'après un bas-relief antique. Très-belle épreuve.

343 — La Marche de Silène, d'après un dessin de Jules Romain. (B. 240.)

Très-belle épreuve.

4

344 — Le Parnasse, d'après un dessin de Raphaël.
(B. 247.)

Admirable épreuve, d'une conservation irréprochable. (Collections de Valois, Révil et De Lasalle.)

345 — La Bacchanale. (B. 249.)

Très-belle épreuve.

346 — Danse de Satyres et de Nymphes, gravée
par A. Venitien. (B. 250.)

Très-belle épreuve.

347 — Le Satyre et l'Enfant, d'après un dessin de
Raphaël. (B. 281.)

Superbe épreuve, portant au verso la signature de P. Mariette,
1670. (Collection de H. de la Salle.)

348 — Vénus blessée par l'épine d'un rosier, d'après
Raphaël, gravée par Marc de Ravenne.
(B. 321.)

Magnifique épreuve d'un premier état inconnu à Bartsch, avant
le monogramme placé sur un arbre à gauche.

REMBRANDT (Paul Van Rhyn).

349 — Rembrandt et sa femme. (B. 16. — Cl. 19.)

Superbe épreuve du premier état, avant que les travaux dans
l'ombre, de dessous le chapeau, à droite, aient été repris au
burin. (Collection Van den Zande.)

350 — Portrait de Rembrandt au bonnet orné d'une
plume. (B. 20. — Cl. 20.)

Très-belle épreuve du premier état, avant la retouche. On y lit
dans le haut, vers la gauche, en caractères légèrement tracés :
Rembrandt, F. 1638, nom et date qui ont disparu dans le dernier
état.

351 — Portrait de Rembrandt appuyé. (B. 21. — Cl. 21.)

Ce portrait, dit Bartsch, est le plus beau de ceux qui composent cette classe. Magnifique épreuve, avec le nom de *Rembrandt*, F. 1639, très-apparent. Elle porte la signature de P. Mariette, 1667. (Collection Poggi.)

352 — Abraham qui reçoit les trois Anges. (B. 29. — Cl. 35.)

Superbe épreuve avec des barbes.

353 — Agar renvoyée par Abraham. (B. 32. — Cl. 37.)

Superbe épreuve.

354 — Abraham caressant Isaac. (B. 33. — Cl. 38.)

Superbe épreuve d'une pièce rare à trouver belle.

355 — Sacrifice d'Abraham. (B. 35. — Cl. 36.)

Superbe épreuve tirée de la planche non ébarbée.

356 — Joseph racontant ses songes à sa famille. (B. 37. — Cl. 41.)

Très-belle épreuve.

357 — Jacob pleurant la mort de son fils Joseph. (B. 38. — Cl. 42.)

Magnifique épreuve. (Collections Robert Dumesnil et Thorel.)

358 — Le triomphe de Mardochée. (B. 110. — Cl. 44.)

Superbe épreuve, avec beaucoup de manière noire. (Collections Defresne et Debois.)

359 — L'Ange qui disparaît devant la famille de Tobie. (B. 43. — Cl. 47.)

Rare et superbe épreuve du second état, avant divers travaux, premièrement le travail très-léger et très-serré, à la pointe sèche, dans les parties ombrées, notamment sur le derrière du manteau du père de Tobie, pour mieux détacher le fond.

360 — La fuite en Egypte. (B. 56. — Cl. 60.)

Superbe épreuve d'une pièce rare. (Collections du comte de Fries et Thorel.)

361 — Jésus-Christ prêchant, ou la petite Tombe. (B. 67. — Cl. 71.)

Admirable épreuve du premier état, avant que les travaux à la pointe sèche aient été ébarbés. L'homme, coiffé d'un turban, debout sur le devant à gauche, a le bras droit et partie de son manteau fort poussés au noir.

362 — Le denier de César. (B. 68. — Cl. 72.)

Superbe épreuve du deuxième état, tirée sur papier de Japon.

363 — Petite Résurrection du Lazare. (B. 72. — Cl. 76.)

Très-belle épreuve.

364 — Jésus-Christ guérissant les malades. Morceau connu sous le nom de la Pièce de cent Florins. (B. 74. — Cl. 78.)

Superbe épreuve du premier état de Bartsch. (Collection Jecker.)

365 — Jésus-Christ au mont des Oliviers. (B. 75. — Cl. 79.)

Epreuve tirée de la planche non ébarbée. Extrêmement rare de cette beauté.

366 — L'Ecce Homo. (B. 77. — Cl. 83.)

Admirable épreuve du second état, avant les contre-tailles sur le visage du juif, dont la tête est vue au-dessus de celui qui tient le roseau à la main. (Collections de Boissieu, Michel de Marseille, Debois et Delessert.)

367 — Jésus-Christ en croix. (B. 80. — Cl. 85.)

Superbe épreuve. (Collections Debois et Delessert.)

368 — La Descente de croix. (B. 81. — Cl. 83.)

Magnifique épreuve du second état, avant l'adresse de Hendricus Vlenburgensis. Rare. (Collection Jecker.)

369 — Les Disciples d'Emaüs. (B. 87. — Cl. 91.)

Superbe épreuve de la planche non ébarbée.

370 — Les petits Disciples d'Emaüs. (B. 88. — Cl. 92.)

Magnifique épreuve. (Collection Ackerman.)

371 — Le Retour de l'Enfant prodigue. (B. 91. — Cl. 94.)

Magnifique épreuve.

372 — Le Martyre de saint Etienne. (B. 97. — Cl. 100.)

Superbe épreuve du premier état (non mentionnée), avant que les travaux dans les ombres aient été retravaillés au burin, principalement sur la figure du soldat. (Collection Van den Zande.)

373 — Saint Jérôme. (B. 103. — Cl. 106.)

Superbe épreuve.

374 — Sujet de bataille. (B. 117. — Cl. 119.)

Superbe épreuve, avec le fond saie.

375 — Le Vendeur de mort aux rats. (B. 121. — Cl. 123.)

Superbe épreuve.

376 — La Faiseuse de Koncks. (B. 124. — Cl. 126.)

Magnifique épreuve.

377 — Le Charlatan. (B. 129. — Cl. 130.)

Superbe épreuve. (Collection Debois et Delessert.)

378 — Juif à grand bonnet, (B. 133. — Cl. 133.)

On lit au milieu du bas : *Rembrandt, F.* 1639. Superbe épreuve sur papier de Japon.

379 — Le Persan. B. 152. — Cl. 146.)

Très-belle épreuve d'une jolie pièce.

380 — Gueux debout. (B. 163. — Cl. 160.)

Superbe épreuve.

381 — Paysan déguenillé, les mains derrière le dos. (B. 172. — Cl. 169.)

Superbe épreuve.

382 — Gueux assis au bas d'un mur. (B. 173. — Cl. 170.)

Belle épreuve.

383 — Gueux assis sur une motte de terre, (B. 174. — Cl. 171.)

Très-belle épreuve du premier état, avant le nom de Rembrandt en toutes lettres, sur la terrasse à gauche.

384 — Mendiants à la porte d'une maison. (B. 176.
— Cl. 173.)

Superbe épreuve, avant divers travaux ajoutés depuis, à la
pointe sèche, sur l'épaisseur du mur de la porte, de manière à
rendre pointu, d'un peu arrondi qu'il était, le nez du vieillard qui
fait l'aumône.

385 — Paysan debout, les bras derrière le dos, un
panier à ses pieds. (C. 180. — Cl. 177.)

Petite pièce légèrement gravée. Superbe épreuve. Extrêmement
rare. (Collections Camesina de Milan et Dubois.)

386 — Homme nu assis. (B. 193. — Cl. 193.)

Très-belle épreuve.

387 — Vue ancienne d'Amsterdam. (B. 210. — Cl.
207.)

Très-belle épreuve.

388 — Paysage à la Tour carrée. (B. 1218. — Cl.
215.)

Magnifique épreuve chargée de barbes.

389 — Paysage à la Tour. (B. 223. — Cl. 220.)

Magnifique épreuve ; les bords de la planche raboteux.

390 — La Grange à foin. (B. 224. — Cl. 221.)

Très-joli paysage, cintré par le haut (dans notre épreuve, la
partie cintrée a été coupée, sans rien enlever du travail qui reste
intact). On lit dans le bas, au-dessous du troupeau de moutons :
Rembrandt, F. 1650. Superbe épreuve avec des barbes.

391 — La Chaumière et la Grange à foin. (B. 225,
— Cl. 222.)

Superbe épreuve, avec des barbes, d'un des plus beaux paysages
de Rembrandt. (Vente du roi Louis-Philippe.)

392 — La Chaumière au grand arbre. (B. 226. — Cl. 223.)

Très-belle épreuve. (Collection De Férol.)

393 — L'Obélisque. (B. 227. — Cl. 224.)

Superbe épreuve tirée de la planche non ébarbée. (Collections Gawet et Böhm.)

394 — La Barque à la voile. (B. 228. — Cl. 225.)

Très-belle épreuve, avec le vernis de la planche très-apparent, portant les signatures de P. Mariette, 1672, et Festelits.

395 — La Chaumière entourée de planches. (B. 232. — Cl. 229.)

Superbe épreuve. (Collection Böhm.)

396 — Le Paysage au bateau. (B. 236. — Cl. 233.)

Très-belle épreuve, avec des barbes. (Collection du prince de Paar.)

397 — Homme avec chaîne et croix. (B. 261. — Cl. 258.)

Superbe épreuve du second état, avec le col de la chemise, mais avant le prolongement des travaux du fond jusqu'au bord supérieur de la planche. (Collection Van den Zande.)

398 — Vieillard à barbe carrée. (B. 265. — Cl. 262.)

Superbe épreuve du premier état, avant que la bouche du personnage ait été mieux exprimée. (Collection Poggi.)

399 — Homme à barbe courte et bonnet fourré. (B. 263. — Cl. 260.)

Superbe épreuve de la grande planche. (Collection Aylesford.)

400 — Jeune Homme assis et réfléchissant. (B. 268. Cl. 265.)

Très-belle épreuve d'un joli portrait.

401 — Portrait de Lutma. (B. 276. — 273.)

Superbe épreuve, fort chargée de manière noire. (Collection Jecker.)

402 — Portrait de Jean Silvius. (B. 280. — Cl. 277.)

Magnifique épreuve, mais dont la marge contenant seize vers latins a été coupée.

403 — Portrait de Utenbogaerd, dit le Peseur d'or ou le Banquier. (B. 281. — Cl. 278.)

Très-belle épreuve sur papier du Japon.

404 — Homme en cheveux assez longs, barbe courte et frisée; la tête, presque de profil, est couverte d'un bonnet ordinaire à Rembrandt. (B. 289. — Cl. 286.)

Magnifique épreuve d'un ton velouté.

405 — Vieillard à grande barbe. (B. 291. — Cl. 288.)

Superbe épreuve. (Collection Delessert.)

406 — Vieillard à la tête chauve. (B. 296. — Cl. 292.)

Très-petit buste, dont la tête est chauve et fort baissée. Il est vu de trois quarts et dirigé vers la gauche. Belle épreuve d'une pièce rare.

407 — Tête d'Homme de face, coiffé d'une calotte
(B. 304. — Cl. 300.)

Magnifique épreuve. (Collection Delessert.)

408 — Homme avec chapeau à grands bords. (B. 311.
— Cl. 307.)

Superbe épreuve. (Collection Debois.)

409 — Vieille femme assise. (B. 443. — Cl. 433.)

Premier état, avant que la planche ait été diminuée et coupée
en forme ovale. Superbe épreuve. Elle est doublée. (Collection
Poggi.)

410 — Tête de vieille qui dort. (B. 350. — Cl.
340.)

Superbe épreuve. (Collection Delessert.)

411 — Vieille avec voile noir. (B. 455. — Cl.
345.)

Superbe épreuve du second état, avant que le voile ait été entièrement ombré, et avant que l'épaule ait été couverte d'une
troisième taille perpendiculaire.

412 — Femme avec une grande cornette. (B. 359.
— Cl. 349.)

Très-belle épreuve d'une pièce rare. Elle a de la marge. (Collection Ackerman.)

413 — Feuille avec six têtes, au milieu desquelles
est le portrait de la femme de Rembrandt.
(B. 355. — Cl. 355.)

Très-belle épreuve.

414. — Trois têtes de femmes, dont une qui dort.
(B. 368. — Cl. 358.)

Superbe épreuve du premier état, avant divers travaux au burin dans les parties ombrées.

RENI (Guido).

Bartsch, Peintre-Graveur, t. XVIII, p. 275.

415 — Sainte Famille. (B. 9.)

Superbe épreuve, avant le nom du maître, qui se trouve dans le second état dans la marge à gauche.

416 — La Vierge, l'Enfant Jésus et saint Jean Baptiste. (B. 6.)

Très-belle épreuve d'une pièce rare. (Collection de Férol.)

417 — Sainte Famille. (B. 11.)

Très-belle épreuve, signée au verso : P. Mariette, 1568.

417 *bis* — L'Enfant Jésus et saint Jean Baptiste. (B. 12.)

Superbe épreuve.

RIBERA (Joseph), dit L'Espagnolet.

Bartsch, Peintre-Graveur, t. XX, p. 77.

418 — Le corps mort de Jésus-Christ. (B. 1.)

Très-belle épreuve. (Collection de Férol.)

419 — Amour fouettant un Satyre attaché à un arbre. (B. 2.)

Très-belle épreuve, avec de la marge. Rare.

420 — Saint Jérôme lisant. (B. 3.)

Très-belle épreuve.

421 — Saint Jérôme saisi de frayeur, croyant entendre une trompette qui l'appelle au jugement universel. (B. 4.)

Superbe épreuve du premier état, avant les initiales de François Van den Wyngaerd.

422 — Le martyre de saint Barthélemy. (B. 6.)

Magnifique et très-rare épreuve.

423 — Saint Pierre. (B. 7.)

Très-belle épreuve du premier état, avant les lettres F. V. Wyn, et avant les angles du cuivre arrondis.

424 — Le Poëte. (B. 10.)

Superbe épreuve.

425 — Silène. (B. 13.)

Rare et très-belle épreuve du premier état, avant la dédicace à Joseph Balsamo. (Collection de Férol.)

RICHOMME (Joseph-Théodore).

426 — Galatée sur les eaux, d'après la fresque de Raphaël.

Superbe épreuve avant la lettre (lettres grises); belle marge. Il y a, dans la marge du bas à droite, écrit de la main du graveur: (*Richomme à monsieur Gros*). (Vente du baron Gros.)

ROBETTA.

Bartsch, Peintre-Graveur, t. XIII, p. 392.

427 — Saint Sébastien et saint Roch, couronnés par un Ange. (14.)

Très-rare et superbe épreuve; malheureusement, une partie de l'ange, en haut de l'estampe, a été coupée. (Collection sir Master Sikes.)

ROTA (Martin).

Bartsch, Peintre-Graveur, t. XVI, p. 243.

428 — La Déesse tutélaire de la Toscane. (B. 105.)

Superbe épreuve d'une jolie pièce rare. (Collection Van den Zande.)

ROTARI (Pierre).

429 — Deux bustes d'hommes, l'un à grande barbe avec capuchon sur la tête, l'autre plus jeune, la tête découverte dans l'attitude de l'extase, d'après P. Véronèse.

Belle épreuve d'une jolie pièce.

RUBENS (Pierre-Paul).

430 — Sainte Catherine.

Superbe épreuve de cette belle eau-forte du maître.

SART (Corneille du).

Bartsch, Peintre-Graveur, t. V, p. 463.

431 — La Fête de village. (B. 16.)

Magnifique épreuve.

SAVART (Pierre).

432 — Portrait de Madame Deshoulières.

Magnifique épreuve avant toutes lettres. Très-rare.

433 — Portrait du maréchal Catinat.

Magnifique épreuve avant toutes lettres. Rare.

SADELER (Gilles).

434 — Portrait de Schmidgrabner.

Superbe épreuve.

SCHALCKEN (G.).

435 — Gérard Dow.

Première épreuve tirée avant que l'ovale ait été tronqué à droite et à gauche. Très-belle.

SCHMIDT (Georges-Frédéric).

436 — Portrait de De La Tour, d'après son pastel.

Superbe épreuve, avec de belles marges.

437 — Mignard, d'après Rigaud.

Superbe épreuve, avant l'astérisque au milieu du bas.

SCHUPPEN (Van).

438 — Louis XIV.

Superbe épreuve, avec la date 1670.

SCHONGAUER (Martin).

Bartsch, Peintre-Graveur, t. VI, p. 103.

439 — Le portement de Croix. (B. 21.)

Cette pièce, dit Bartsch, est une des plus considérables et des plus rares de l'œuvre. Magnifique épreuve ; elle est doublée. (Collection Téaldc.)

440 — La Vierge sur un trône auprès de Dieu. (B. 71.)

Très-belle épreuve. (Collections Störck de Milan et Doynadieu.)

SIRANI (Élisabeth).

Bartsch, Peintre-Graveur, t. XIX, p. 151.

441 — Sainte Famille. (B. 3.)

Superbe épreuve d'une jolie pièce.

STRANGE (Robert).

442 — Charles Ier, roi de la Grande-Bretagne, d'après Van Dyck, représenté en pied près de son cheval que tient un écuyer.

Superbe épreuve, lettres grisés. Toutes marges. Très-rare.

443 — La Vierge assise, l'Enfant Jésus sur ses genoux; près d'elle, d'un côté, la Magdeleine, de l'autre saint Jérôme.

Morceau connu sous le titre de *Saint Jérôme du Corrège*. Très-belle épreuve.

SUYDERHOEF (Jonas).

444 — Les Bourgmestres d'Amsterdam, d'après T. Keyser.

Superbe épreuve.

445 — Frédéricus Spanhémius, d'après P. Dubordieu.

Magnifique épreuve d'un beau portrait. (Collection du comte de Fries.)

TENIERS (David).

446 — La Danse flamande.

On lit : *David Teniers fec.* — *Abraham Teniers excudit.* Très-belle et rare épreuve d'eau-forte pure. Elle porte au verso un timbre indiquant qu'elle est un double du *Musée britannique.*

VELDE (Adrien Van de).

Bartsch, Peintre-Graveur, t. I, p. 208.

447 — La Vache et les deux Moutons au pied d'un arbre. (B. 11.)

Très-belle épreuve.

448 — Le Bœuf et les trois Moutons. (B. 12.)

Superbe épreuve.

VLIEGER (Simon de).

Bartsch, Peintre-Graveur, t. I, p. 19.

449 — Le Chien enchaîné. (B. 20.)

Superbe épreuve avant les initiales du maître et avant l'adresse de J. Danckers. Elle est un peu rognée sur les bords. Extrêmement rare.

WATERLOO (Antoine).

Bartsch, Peintre-Graveur, t. II, p. 1.

450 — L'Allée au bois. (B. 62.)

Superbe et rare épreuve, avant quelques travaux au burin sur le corps du gros arbre qui est au milieu, sur le devant.

451 — Le jeune Tobie et l'Ange. (B. 134.)

Très-belle épreuve.

452 — Elie dans le désert. (136.)

Superbe épreuve, avant différents travaux, tirée sur papier à la grande folie.

WIERIX (Jean).

453 — Portrait d'un prince d'Orange dans un médaillon ovale.

Superbe épreuve d'un joli portrait.

WIERIX (Antoine).

454 — Albert, cardinal-archevêque, archiduc d'Autriche.

Très-belle épreuve.

455 — Thomas Morus.

Très-belle épreuve.

WILLE (Jean-George).

456 — L'Instruction paternelle, d'après Terburg.

Pièce dite la *Robe de satin*. Très-rare et superbe épreuve, avant toutes lettres et avant les armes, dite ainsi à la planche carrée. La marge est coupée autour de la bordure.

WILLMANN (Michael-Leopold).

457 — Son portrait.

Superbe épreuve. Pièce rare. (Collection (Ackermann.)

WORSTERMAN (Lucas).

458 — Trois Anges pleurant à la vue du corps mort de Jésus-Christ descendu de la Croix et étendu sur les genoux de la Vierge, d'après Van Dyck.

Magnifique épreuve, avant la troisième ligne : *Per illustri...* etc. qui se trouve au-dessous des six vers. De la plus grande rareté. (Collections Mariette, Saint-Yves, Révil et Thorel.)

459 — Portrait de Nicolas Lasnier, maître de musique de la chapelle de Charles Ier, roi d'Angleterre.

Superbe épreuve d'un portrait fort rare.

460 — Thomas Morus, d'après Holbein.

Magnifique épreuve. (Collection Van den Zande.)

461 — Thomas Howard, d'après Holbein.

Superbe épreuve.

WYCK (THOMAS).

Bartsch, Peintre-Graveur, t. IV, p. 139.

462 — Les Joueurs. (B. 4.)

Très-belle épreuve.

463 — La Colonnade. (B. 8.)

Très-belle épreuve. (Collection Weber.)

RENOU et MAULDE, imprimeurs de la Compagnie des Commissaires-Priseurs,
rue de Rivoli, 144.   1514

9 782014 437776